80代の掃除のおばあちゃんたちに教えてもらった「人生で大切なこと」

長井 正樹

VOICE

はじめに

幸せのメンターは身近にいる掃除のおばあちゃんだった!

あなたは、今、幸せですか?

この先、幸せな70代・80代になっている自分をイメージできますか?

これまでの人生を振り返ってみると、私は折にふれ、「本当に大切なこととはなにか」に立ち戻るように、と強制的に導かれてきました。そのたびに生き方を模索して、自分なりに得た答えを実践し、また仕事や私生活においてうまく立ちゆかなくなると、再び答えを探しに出かけていました。

心理学者、ベストセラー作家、山伏修験の大僧正、禅僧の老師、高野山の阿闍梨《あじゃり》、古神道の神官などのメンターのもとへ通ったり、時にはインドやマチュピチュ、ネイティブアメリカンの聖地を数週間かけて巡礼したりしたこともあります。

ツラい現実にぶちあたるたび、何か満たされないように感じるたびに、どこかに本当の幸せな生き方への答えや人生の目的があるはずだ、と探求し続けてきたのです。

私は、大阪府高槻市で清掃業務を行う「株式会社高浄」の代表を務めています。先代の父から継いだ清掃会社ですが、弊社にはお掃除の業務に就いている70・80代の高齢者の方々がたくさんいます。

会社を継いでから、大きな困難に挫折しそうになったり、がんばり続けることがツライと感じたりすることも多く、そのたびに幸せを探求することでなんとか立て直してきたわけですが……。

ある時、弊社で働いているおばあちゃんたち（親しみを込めて「おばあちゃん」「おじいちゃん」と呼ばせていただきます）と、「最近どうですか？」などとお話をしていて、ふと思ったのです。

「あれ、このおばあちゃんたち、もしかしたら〝見えて〟いるんじゃないか？　僕が出会ってきた悟り経験者に見えているような世界が」

精神的な世界では、人生や世界、宇宙の真理に到達することを「悟り」「覚醒」「真我」など、さまざまな言葉で表現しますが、お掃除のおばあちゃんたちは、その域に達しているように思えたのです。

まさに、ブッダの域！

その域に到達した人は、本当の幸せな生き方や生きがいの答えがわかっていることでしょう。でも私自身はまだ見えている世界ではありません。だからこそ、人生を通して、幸せを探求してきたのです。

長年探し求めてきた答えを、こんなにも近くにいる、80代のお掃除のおばあちゃんたちが、実は持っているのでは？

しかも、〝悟っている〟のは長く生きてきたからだけではない、なにかの掛け合わせがそこにはあるのではないか。

その秘密を解き明かすことで、たくさんの人の励みになるのではないだろうか。

そう思い、弊社で働いている70代・80代の高齢者のスタッフの方々からお話を聞こうと、インターネットラジオｆｍＧＩＧにて『長井正樹の生きがいチャンネル』という番組を、２０２４年４月より始めました。

現時点（２０２４年７月）で、我々タカジョウグループには、５００名もの70

代以上の方々が働いています。最高齢者は88歳！

その中から、番組では毎回、清掃や警備の仕事に就いている70・80代の方たちをゲストにお迎えして、インタビューをしています。

お話をお聞きしていくと、みなさん元気でキラキラしていて、「今がいちばん幸せ！」と声を揃《そろ》えます。

感動すら覚えるその声に、私が立てた〝悟っているおばあちゃんたち〟説は、あながち間違いではないと思えるほどです。


本書では、幸せの探求者として私が経てきた道のりを、第1部でお伝えいたします。

そして第2部では、会社の代表としてというより、幸せの探求者の視点からお話をお聞きした、70・80代のおばあちゃん・おじいちゃんとのインタビューをもとに、お掃除が教えてくれる、生きがいや幸せについて、胸に響いた言葉をお届けします。

人生に悩んでいる人、幸せな生き方を模索している人、老後が不安な人をはじめ、幸せで豊かな人生を送りたいと願っているみなさんにとって、この本がなにかの答えになれたら嬉《うれ》しいです。

幸せのメンターである、おばあちゃん・おじいちゃんから、いつからでも幸せになれる生き方のヒントを教えていただきましょう。

長井正樹

目次

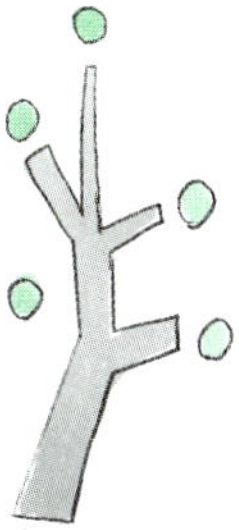

第2部 掃除が教えてくれる4つの幸せ

第1部
幸せの探求者

1章　生きる目的がズレた結末

売り上げ第一主義だった若社長時代

父が築いた「株式会社高浄」を私が継いだのは、2001年、私が29歳の時でした。

会社継承についての話は、拙書『先代を超える「2代目社長」の101のルール』（明日香出版社）に記しましたので、ここでは触れる程度に収めておきますが、当時、親父との関係は最悪に近いものでした。

若くして継ぐことになったわけですが、会社に潤沢な資金があったわけではないにもかかわらず、親父から提示された退職金は、なんと1億5000万円。親父に退職金を払うために借金をしながら、経営をしていました。

その当時は、とにかく「親父を超えなければいけない」一心でした。

今思えば、借金を返済しながら会社をさらに発展させるために、がむしゃらに働いて、仕事と向き合うことができたのは、経験として良かったと思っています。ですが、その頃の私が求めていたのは「売り上げ」でした。

売り上げをどうやってあげようか、同業に競り勝つにはどうしたらいいか、どうしたら大口の仕事を〝奪える〟か……。

そんなマインドで仕事をしていました。

若かりし頃の自分は、「数字も上がってきたし、グループ会社も立ち上げて、若社長として軌道に乗ってきた。このまま親父を超えてやるぜ！」と調子に乗っていたわけです（笑）。

しかし、周りの反応は真逆でした。

崩れ落ちた現実

「私、今、ちっとも幸せじゃない！」

ある時、突然、妻が私にこう言い放ちました。家のことや幼い娘の世話は妻に任せっきりで、私は仕事ばかりの日々。家族と過ごす時間や家庭の幸せは、二の次になってしまっていたのです。

「大切なはずの家族を幸せにできないで、何をやってるんだ、俺は」

そう自己嫌悪に陥ったのも束の間、今度は会社で横領が発覚します。

家庭崩壊の危機、そして信頼していた社員の裏切り。

うまくいっていると思っていた矢先、現実が崩れ落ちたのです。

心の探求へ

「なぜこうなってしまったのだろう」

そこから、私の幸せの探求の旅が始まりました。

超ベストセラー本『ユダヤ人大富豪の教え』（大和書房）の著者で、心の自由を得ながらビジネスでも成功する秘訣を説いていた本田健さんと出会ったのも、ちょうどその頃、2004年でした。

ほかにも、ペルーのマチュピチュ、インド、ネイティブアメリカンの聖地などへ巡礼の旅にも出かけました。

借金を背負いながら、バリバリ売り上げ主義の若社長として頑張っていた当時の私。お金の豊かさを目的に仕事をしていましたが、**心の豊かさ**を主軸にするというマインドは、それまでにない体験でした。

このマインドが、幸せに生きるヒントかもしれない。

模索しながらも自分なりに学んだことを、ビジネスでも家庭でも実践していくうちに、だんだんと軌道修正できていきました。

あの頃は、親父を超えることが第1の目標であり、そのために売り上げを上げることが中心でした。ある意味、生きる目的がお金になっていたわけです。

そんな私でしたが、お金は会社を経営する上で大切ではあるけれど、それがすべてではない、と気づくようになります。

もっと幸せな生き方があるはずだ、とその後もさらに探求は続いたのです。

第1部

幸せの探求者

2章　父親の死までの時間

再び自分と向き合う旅へ

借金の返済も進み、会社も軌道に乗ってきて、多少の波や嫌な思いをすることもありましたが、おおよそ順調でした。同時に心の探求も続けていたのですが、当時も親父との関係は変わらず、和解できずにいました。2010年頃のことです。

私の中には、まだまだ「親父を超えなければ……！」という強い想《おも》いがあったので、親父が築いた清掃会社とは別に、福祉関連の会社や、リサイクルや障がい者支援の事業をいくつか興していました。

その心理背景には、親父を超えたい以外にも、じつは清掃の仕事に就いてくれている従業員さんに対して、申し訳なさやネガティブな思いがあったのです。それについては、3章でお話しします。

そんな時、今度は一緒に事業を始めた仲間が、独立して同じ事業を始めるという出来事が起きます。自分にはなんの相談もなく、ある意味、私にとっては裏切り行為に見えました。

また信頼していた人に裏切られた……。

突き落とされるような事件が再び起こったわけですが、その頃はすでに心の探求をしていたので、なにか事件が起こった時は**自分を見直す**ように努めました。

もしかしたらまた、以前のように目的がズレていたのかもしれない、利己的になっていないか、やり方が間違っていないか、と自分を見直すようにしたのです。

さらに自分と向き合うために、ブッダが説いたヴィパッサナー瞑想《めいそう》を習得しようと、旅に出かけたりもしました。

会社売却を決めるも……

そのような心の探求をしていても、裏切りや社会の理不尽な出来事が壁として幾度も現れました。

今振り返ると、精神的に追い込まれて、何も見えなくなっていたのでしょう。
こんなにうまくいかないのなら、イヤなことが何度も起こるなら、いっそのこと会社をやめてしまおう！
そこまで自分の中で割り切ったところ、会社の買い手も見つかり、あとは金額交渉のみという段階まで話を内密に進めていました。

その時、親父のガンが発覚。余命半年と宣告されたのです。

当時は親父と和解する前だったので、売却の話はなにも親父に伝えていなかったのですが、さすがに考えを改めました。

「やはり僕には大切なものがあります。親父が死を迎えるかもしれない時に、親父が築いてくれた会社は売れません」と、もうお亡くなりになりましたが、売却先予定であった先方の会長に謝り、白紙に戻すことにしました。

親父の余命宣告という、これも大きな〝事件〟でしたが、本当に大切なこと、幸せは何かという「生き方の原点」に、強制的に連れ戻されることになったのです。今となっては、あの時のバカな気の迷いで、私の生きがいとなっている大切な会社を売却しなくて良かったと思っています。

親父との和解

親父の余命宣告をきっかけに、若い頃から常に自分の中に立ちはだかっていた、大きな壁のような「親父を超えなきゃ」という目的が、形を変えていきました。

自分はただ親父に認められたかったんだ。そのためにこれまで頑張ってきたんだ。

そう自分で気づけたことで、事業で親父を超えてやる！という気持ちは消え、親父には死を迎えるまで幸せに過ごしてほしいと、心から思うことができました。

「事業は関係なく親子として、お金の心配はいらないから、ここからの時間は親父の好きなように生きてほしい」

そう親父の顔を見て言えた時、先代と競争する後継者としてではなく、本当の親子の関係になれたのかもしれません。私の言葉を聞いて、あんなに喧嘩《けんか》ばかりして、一時は恨むほどだった父親が、病室でボロボロと泣き出しました。

そこからは、会社の従業員の働く姿を見るたびに、「お前はすごいな」と、経営者としての私に対して褒める言葉を面と向かって言ってくれるようになりました。

そうして親父に認められた瞬間、親子そして後継者としての長年のわだかまりも、自分の中にあった「親父を超えてやる」という呪いも、すべて解けたのです。

死を迎えた理想的な最期

結局、余命半年と宣告されましたが、そこからさらに半年ほど、万全ではないにしろ親父は元気に過ごしました。

時には、私が心の探求の途中で出会った「シャーマン」と呼ばれる祈祷師《きとうし》や、古神道の神官などのところに、一緒についてきてくれました。

きっと、死と向き合ったからではないでしょうか。精神世界にも関心があったのだと思います。

今思い返せば、親父も心の探求をしていたのかもしれません。
40歳を過ぎてから糖尿病を患い、入退院を繰り返していました。そんなこともあり、自分なりに目に見えない世界のことや人生について、幸せについて、考えていたのだと思います。

そう思う1つの根拠に、私がまだ小さい頃から、親父は毎日、般若心経を唱えていました。だから、私たち兄弟は全員、般若心経を唱えることができます。上手ではありませんが、親族が亡くなった時は、御経をあげさせていただくこともありました。

ガンの療養のために、父は母と一緒に、雪が積もる冬の秋田の温泉へ旅行に出かけました。

その温泉に浸かりながら、親父はこの世での最期の瞬間を迎えたのです。

その温泉は雪深い山奥にあったので、地元のおくりびとの方がやって来て体を綺麗に拭いてくださり、その夜は母と父、2人きりで1晩過ごしました。

知らせを受けた私は、４人の弟たちを集め、翌日に5人兄弟全員で一緒に秋田まで迎えに行きました。そこでもう1泊、家族みんなで過ごすことができたのです。

さらに、父を高槻まで連れて帰ってきたものの、年末だったため火葬場は休業中。そのため、親父は年末年始、今度は嫁や孫たちと自宅で一緒に過ごしたのです。

火葬場が年末年始で閉まっていたため、数日間保存させるために、父の体には防腐剤が注入されました。そのおかげで、ガンでやせ細っていた父の頬はふっくらして、まるで病前の健やかな眠り顔。

社員をはじめ、お世話になったたくさんの方々がご挨拶に来てくださいましたが、大島紬《つむぎ》という着物を着たカッコいい姿で眠る父の姿を見て、家族の間では「お父さん、あんな素敵な姿をみなさんに見てもらえて、なんだかずるいよね」と、冗談を言っていました。最期をここまでやって締めくくるのか、と親父のことがカッコよく思えたものです。

親父の死を通して、私は父にこう言われたようでした。

「事業では確かにお前のほうが大きくしたかもしれないな。けど、生き方や死に方では、まだまだ俺にかなわないだろ」

この先も、生きていたらいろいろなことがあるでしょう。

けれど、余命宣告されても病室ではなく、楽しんだ旅先で息を引き取り、愛する家族とともに最期のひと時を過ごした親父の死に方を目の当たりにしたことで、私の根っこの部分が確実に変わったと思います。

常に心と向き合いながら、幸せな生き方を最期の瞬間まで全《まっと》うしよう、と。

第1部
幸せの探求者

3章　すべては幸せに立ち戻るきっかけ

掃除のおばあちゃんたちがくれた気づき

自分は親父に認められたいがために頑張っていたんだと気づき、実際、父に認めてもらい、立派な最期の姿を見届けたあと、自分の中にぽっかりと穴が空いたような空白の期間を過ごしました。

「何のために仕事をしているんだろう。何のために生きているんだろう」

人生の本質に、もう一度、向き合うことになったのです。

そんな中、親父の代から続けて開催していた新年会の日を迎えました。この時は、お掃除の仕事に就いているパートさんも集まる日。

そこで、私は大きな気づきを得ることになります。

みなさんの中には、掃除の仕事と聞くと、

「汚くて大変そう」

「低賃金のわりに労働がキツそう」

など、あまりいい印象がないという方もいると思います。もしかしたら、世の中の大半のイメージはそうかもしれません。

実は、私もそうでした。


父から会社を継いだ当初から、私の中では、清掃という業務に対して、ネガティブな思いがありました。清掃会社の代表がなんてこと言うんだ！と思われるかもしれませんが、正直に打ち明けるとそう思っていたのです。


賃金も低いし、お年寄りをこき使っているようで、申し訳ない。

そんな思いがありながら、新年会に集った高齢のパートさんたちに、仕事についてインタビューをしました。

すると、ほとんどのおばあちゃんからこう返ってきたのです。


「掃除すると綺麗になるから嬉しい」

「仕事して汗をかけるなんて良いこと」

「働ける場所があるだけで感謝」


掃除の仕事の尊さや素晴らしさについて、そして仕事への感謝を嬉しそうに話すおばあちゃんたちの顔を見て、

「もしかしたら、ここに答えがあるかもしれない」

と、思いました。

父が亡くなってから空白になっていた、「何のために仕事をするのか、何のために生きているのか」に対しての答えが、ここにあるように感じたのです。

つまり、もっと稼がなきゃ、親父を超えなきゃ、心も豊かにしてもっと人生で成功する

んだ、というマインドでいた私に、
「なにもいらない。だけど幸せ」
という究極の答えが、ここにあると気づいたのです。

この人たちを大切にしよう。そして、さらに幸せの答えを探そう。

ここから、今の私の在り方がスタートしたように思います。

仕事への向き合い方、もちろん清掃の仕事に対する見方も含め、この仕事の本質を見直すことにしたのです。

私が気づいていなかっただけで、掃除の仕事の素晴らしさや、働いている人たちの尊さに、親父はとっくに気づいていたのでしょう。

振り返ると、清掃の仕事に就いているおばあちゃんたちやパートさんのことを、とても大切にしていましたから。

働く環境の見直し

お金をいかに稼ぐかを仕事の目的にするのではなく、心の豊かさ、幸せな在り方を目的にしよう。

そう決めて、仕事の見直しを図りました。

父は昔から、親睦会やパーティー、表彰式などを、社員やパートさんを集めてよく開催していました。それらは引き続き継承しつつ、ニュースレターを書いたりと、社員やパートさんとのつながりを大切にすることを意識しました。

さらに、現場の環境整備や、オフィスの整頓も、若い社員たちと一緒に始めました。

日頃はオフィスで働く社員たちも、まずは自分たちの働く環境から綺麗にしようと心がけることで、清掃への意識や快適な環境を、身をもって体感できていると思います。

その延長線上で、現場の整備も、モップ1本でも置き場を決めたり、必要ない道具は整理したりと、年齢問わず誰もが働きやすい環境づくりに、みんなが専念してくれています。

軌道修正がかかるたびに本当の幸せに立ち返る

ここまででも、〝事件〟が起こるたびに心の探求をしてきたとお伝えしましたが、懲りずに（笑）、もう1つ大きな事件が起きました。

父の死から数年経った頃でした。公共の下水処理場の施設でオイルが漏れるという事故が起きたのです。

原因は、さまざまあったと思いますが、弊社の点検ミスということになり、行政機関にも呼び出されて、「数日以内に発表するから、朝刊の一面記事になることは避けられない」とのことでした。

もし一面記事になったら、テレビの報道がきて、補償問題に発展することは容易に想像がつきます。補償金額はきっと莫大なもの。一生かけて補償することになる、もう会社は続けられない。

そう覚悟を決めて、私は実家へ向かいました。

「親父、すまない、会社を潰すことになってしまった」

父に涙ながらに報告し、仏壇に手をあわせました。

覚悟をしていたのですが、なんと発表の前日に御嶽山《おんたけさん》が噴火。犠牲者が出るほどの大きな災害が起き、新聞もテレビも災害被害の報道一色でした。

結局、弊社のことは大きな記事になることなく、保険でまかなえる範囲で事態は収拾しました。

この時も私は、自分と深く向き合うこととなったのです。

「過去には自暴自棄になってみずから会社を手放そうとした。今回は会社がなくなる危機に遭遇した。けれど、どちらもギリギリでそうならなかった。ということは、この会社を、この仕事をする運命にあるのではないか」

「どんなに大変な人生だったとしても、どんなに思い通りにならない人生だったとしても、幸せになっていいはず。では、自分の本当の幸せとはなんだろうか」

軌道修正がかかるたびに、自分と向き合って道を戻される——。

むしろ、そのために事件が定期的に起きているとしか思えません。

心理学やメンターたちから学んだ教えの中で、「目の前の現実はすべて自分が引き起こしている」という、この世界の法則があります。その法則を当てはめた時、人から裏切られたり、トラブルがあった、事故が起きたりしたということは、すべて自分の投影で起きているということ。

たとえば、私が父との関係が悪く、喧嘩ばかりしていたのは、自分のことを父に認めてほしい！と根底で思っていたからでしたが、そもそも自分自身のことを認めていなかったのです。だから、父を超えることに必死になっていたわけですが、認められない自分自身を、父との関係に投影していたということです。

つまり、外側で起こる出来事自体や関わる人は、悪くない。**すべて自分の投影**である。そう理解すると、周りに原因を追求できなくなるので、必然的に自分と向き合うしかないのです。

付き合いのある経営者の方たちにお聞きすると、私のように定期的に事件が起き、人の裏切りに何度も遭う経験をしているといいます。そのたびに、みなさん軌道修正されてきたのでしょう。

人によってはお金かもしれませんが、私の場合は人から傷つけられることが、いちばん立ち止まるきっかけになりました。

そのたびに自分と向き合い、目的がお金を稼ぐことだけに走っていないか、やり方が間違っていないか、本当の幸せな在り方ができているかと、心に問い、軌道修正してきたのです。

だからこそ、常に「本当の幸せってなんだ」と向き合うことから外れていると、「そっちじゃないよ」と、仕事や人や出来事を通して教えてもらっているのだと思います。

喜びを目的に、そしてオンリーワンへ

たまに社員と昔を振り返って話すことがあるのですが、当時は売り上げの多くを行政の入札で得ていました。

当時は、まだまだ横柄な態度で仕事を横取りするようなことがまかり通っている時代だったので、若社長だった私はやられ負けることも多々ありました。怖いなぁと思いながらも、今だから言ってしまいますが、逆に奪いに行ったようなことも、なかったとは言えません（苦笑）。

そのマインドでいた当時、たくさん仕事を取ることはできましたが、結果、その当時、

ライバルを蹴落とし奪いに行った仕事は何一つ残っていないのです。

通常、ビルや施設の清掃業者がしょっちゅう変わることは、ほとんどありません。私たちの取引先は、まさにビルや大型施設がメインです。なので、一度契約すると、よほどのことがない限り長年業務を担当するのですが、当時のマインドで取った仕事は、今では見事に残っていません。

逆に、紹介されたり、奪い合ったりというマインドはゼロ、むしろ感謝しながら得た仕事は、長年経ってもいまだに残っています。父の代からの取引先の多くも、良好な関係性で今でも担当させていただいています。

なぜそんな違いが起こるのでしょうか。

それは、その仕事の中にある喜びを見いだし、かつ社員とともにその仕事の〝喜びの価値〟を高めることができるかどうか。そして、その仕事によってオンリーワンになることができているかどうか。

それができるかどうかの違いが、結果として現れているようです。

それができたとき、相手からも喜ばれ、結果としてお金が手に入る。そういう仕組みなのだと思っています。


喜びが目的である。

そう設定することで、確実にうまくいくようになりましたし、喜びの連鎖が広がっているのを感じます。


今は、高齢者や、心身に障がいを持っている方たちに、働く場所や快適な働き方を提供することで、みなさんに楽しく健やかに働いてもらえたらと思っています。

それは、私や社員が「そうできたらいい」と思って提供していることですが、それが実はオンリーワンの価値につながっています。

掃除のおばあちゃんたちから、「この仕事が生きがい」という言葉を聞くたびに、若い社員もオンリーワンの価値を実感していることでしょう。

その結果として、ビジネスが成り立っているのです。

この目的と手段を見失ったり、間違えたりしないように、いつも自分の心に問いて、向き合うようにしています。

そうしないと、また大きな事件が起きかねませんから（笑）。

第1部
幸せの探求者

4章　幸せは掃除の仕事が教えてくれる

掃除はウソをつかない

みなさんの中にも、1時間ほど念入りに家の掃除をしていたら、いつの間にか夢中になって、雑念が消えていたという経験をしたことがある方もいるのではないでしょうか。

これは、いわゆる〝ゾーン〟に入るという経験の1つですよね。

我が社で清掃業務を担当している掃除のおばあちゃんたちは、日々の仕事を通して、この体感をしているのではないか、と思っています。

第2部の中で登場されるおばあちゃんから、こんな言葉がありました。

「掃除は自分にウソをつかない」

その方は、かつて販売員の仕事を経験したことがあるけれど、自分が思っている本心よりもちょっと盛って、営業トークをしなければいけなかった、と話してくれました。

その時は、心の中に微妙にウソがあった。だけど、掃除は磨いたら磨いた分だけ綺麗になって、その状態を維持できる。いろいろな業種を経験したけれど、人生最後は掃除の仕事がいい、と。

その言葉を聞いて、清掃はなんて尊い仕事なんだろうと、改めて気づかされました。

自動的に心と向き合う仕組み

ご高齢の方がいつまでも働きやすい環境を整えていくことは、我々の大切な課題です。受け入れる体制を作っていく中で、仕事に就いたおばあちゃんたちが、ますます心が綺麗になり、幸せを感じ、健やかな生き方や在り方に気づき悟っていく様を、ありありと見ることができています。

そんなおばあちゃんたちを見ていると、単に年齢を重ねただけではたどり着けない到達点があるように思います。

おそらく、掃除という仕事に特殊性があり、そこには自動的に「自分の心と向き合う仕組み」があるように思うのです。


掃除のおばあちゃんたちは週に数日、仕事へ出かけます。そして、体を使って床を磨き、トイレをピカピカにして、みんなが使う場所を綺麗に磨き上げます。

駅前や、利用者の多い施設などでは、行き交うたくさんの人とすれ違うことでしょう。周りはザワザワしていて忙しく通りすぎていきます。

その横で、目の前の汚れを綺麗にするために、集中して丁寧に作業をする――。

その場面を切り取ると、掃除をしながら、日常の中の「静けさ」に身を置いているのではないでしょうか。まさに、**「動」の中に「静」を見る**状態です。

これは、心の探求をするうえで欠かせないこととされています。なぜなら、静けさを見ることで、周りではなく、自分の心と必然的に向き合うことができるからです。

ということは、掃除のおばあちゃんは、日々お掃除をすることで、自然と静けさの中に入り、そして「自分の心と向き合う仕組み」が発動しているのではないでしょうか。

長年、清掃業務を担当させていただいている、ある病院の理事長で宗教家の先生にこう教わったことがあります。

「最近の人間は、〝上〟ばかり見ている。だから体も心も病気が増える一方なのではないか。それは、ちゃんと地球に頭を下げて仕事をしていないから。人間が地面にひれ伏すような形でいたら、心も綺麗になり、健康でいられるはず」

確かに、頭を下げながら一生懸命に磨いたものが、綺麗になって目の前に反映されるのが、掃除の仕事。

磨いているうちに、目の前の汚れとともに雑念も一緒に消えて、自分の心も綺麗になっているのでしょう。

つまり、掃除の仕事は、

〈心が綺麗になる×丁寧になる×ゾーンに入る×静けさをみる〉

この掛け算が起きることで、自分の心の在り方と常に向き合うことができ、〝悟り〟の域への近道となっているのではないでしょうか。

仕事でサムシング・グレートとつながる

我が社の計画手帳には、こう記しています（左ページ参照）。

タカジョウグループ「3つの喜び」

1. お客様の喜び

(1) 真心のサービス

何でも相談できるパートナーとなり、
豊富な提案でお客様の課題を解決します。

(2) 一期一会

一人一人、一回一回の関わりを大切にして、
末長いお付き合いをします。

(3) 当たり前の日常

要望に寄り添って、お客様の生活、仕事、情報を守り、
安心して過ごせる日常を提供します。

2. チームワークの喜び

(1) 認め愛

お互いを認め合い、一人ではなく、みんなが居ることに感謝します。

(2) 助け愛

思いやりを持ち、困りごとに気づける心を持ちます。

(3) 分かち愛

苦楽を分かち合います。
3つの愛で共通の目標を達成します。

3. 自己成長の喜び

(1) できないことができるようになる

明確な目標にチャレンジし、更なるスキルアップを目指します。

(2) 人の気持ちがわかるようになる

ほめ達、聴き達で、お客様、仲間たちの気持ちが
よりわかるようになります。

(3) 深い生きがいがわいてくる

目の前の仕事に全力を尽くした時、「大いなる何か」（サムシンググレート）に気づき、より深い生きがいを感じる自分になります。

精神世界や心の探求をしている方は、「サムシング・グレート（大いなるもの）」という言葉を聞いたことがあるのではないでしょうか。

目に見える世界や人智を超えた、偉大なる存在を指す言葉です。なにを指すのか、その解釈はそれぞれですが、私自身は、「サムシング・グレート」なるものが、すべての人の中にあると思っています。

それはつまり、自分自身に気づいていくこと。結果として、自分の計り知れない可能性を開花させて拓《ひら》いていくことができます。

私は、ともに働く社員やパートさんたちがもつ可能性を信じてあげる役割に徹するように、心がけています。

我々の仕事には、チームワークの喜び、お客様の喜び、そして自分が成長できる喜びがあります。仕事を通して、深い喜びが湧いてくる体感を経験できる。

つまり、目の前の仕事に全力を尽くすことで、各々が自分の〝サムグレ〟に気づき、自分自身の深くにある喜びを体感できるということ。
それが、ゴールとして、「生きがい」そして「幸せ」になるのではないでしょうか。

静けさの中で声を聞く

先日、家族でハワイのマウイ島へ旅行をしていた時のこと。一緒に山を登ったガイドさんに教えていただいたのですが、標高3000メートルを超えると、ある地点で音がなくなるのだそうです。周りから音が消え、聞こえるのは自分の耳の中の音のみ。
もしかしたら、雑念が消え静けさの中に入るとは、その世界なのでは、とふと思ったのです。

私たちは、日々、表面的かつ感情的な喜びや幸せは、常に体験していると思います。私も家族で旅行をしている時は、幾度も幸せや喜びを感じましたし、日頃から美味しいものを食べた時は幸せだなと思います。

その喜びや幸せには大抵、高揚感が伴います。その瞬間は気持ちが高ぶり、「嬉しい！幸せ！」と感じますが、その瞬間が過ぎて気持ちが落ち着くと、逆に喪失感に近い気持ちがうっすら漂うことがあります。

達成感のあとに、空虚感が湧いてくることも同じ原理でしょう。

みなさんも体験があるのではないでしょうか。


私の場合は、そのような喪失感や空虚感、ほかにも平和を感じたすぐあとには罪悪感が湧いてくることもあります。

何かが欲しいと思って手に入れたら、もっと欲しくなるし、手に入れたら入れたで、失うことへの恐怖も生まれる。


いったい、真の心の平安は、どこで感じられるのだろう。

そんな疑問から、本当の幸せの探求を駆り立てられたとも言えるでしょう。

長い間、心の探求をしていますが、今もなお答えを求めて、葛藤している最中です。きっと命が続く限り、探求は続くのでしょう。

けれど、その中でも、本当の喜びや幸せへの私なりの答えを掴《つか》んでいます。

それは、**自我《エゴ》の下に隠れている、心の声に沿って生きること。**呼吸をするたびに常にその声に耳を傾けて、一瞬一瞬を選択すること。

言葉にすると、こんな表現になるでしょうか。

その自分の声は、静けさの中にいるからこそ聞こえるものだと思います。だからこそ、悟りに至りたいと願う世界中の人たちが、こぞって静寂を求め、瞑想をしているのかもしれませんね。

私ももれなく、そうしようとした1人です。本当の幸せの在り方を求め、時には修行までして、心の世界をずっと探求してきたわけですから。

でも、そんな修行や鍛錬をしなくとも、身近にいる掃除のおばあちゃんたちは、目の前の汚れを綺麗にするだけで、静けさの中に入っています。

そして、「今がいちばん幸せ」という域に達しているのです。

そぎ落とされた先にあるもの

この先の第2部のインタビューを読んでいただくと、おばあちゃん・おじいちゃんたちが、いかに仕事ができることに感謝しているかを、感じていただけると思います。

この仕事を続けられることが、人としての喜び。だから、みなさん生きていることに感謝しています。
私からすると、この人たちは神さまなのか！と思うくらい、みなさん本気で、仕事ができることに感謝し、今朝起きられたことにも感謝、仕事に送り出してくれる旦那さんにも感謝……すべてに感謝しているのです。

生きていたら、人生にはいろいろあります。我が社で働いている、おばあちゃん・おじいちゃんも、もちろんいろいろなことを経験してきたことでしょう。中には、大変なご苦労をされてきた方もいます。

良いも悪いもいろいろある。それらを全部ひっくるめて、自分の人生として受け入れて、毎日一生懸命生きる。
いろいろなものがそぎ落とされて、心を磨いてきたからこそ、特に目標を設定しなくても、達成感を求めなくても、**今あること、今生きていることに感謝できる。**

それこそが、幸せ。

私がお話をお聞きしたおばあちゃん・おじいちゃんはみな、そんな世界線で生きています。その瞬間瞬間に、生きています。

みなさんのそれまでの人生は、もちろん1人ひとり異なります。

結婚して、80歳を迎えても夫婦仲良く暮らしている人もいれば、離婚してシングルマザーで子どもを育てあげた人もいる。かつては、誰もが知る会社で定年まで勤め上げ、余生は充分に暮らせる退職金をしっかり受け取った人もいますし、初めての仕事が掃除という人もいます。

みなさん境遇も環境もバラバラですが、それでも「今がいちばん幸せ」という世界線に到達している。

ということは、私たちはどんな人生をたどっても、どのラインを通っても、人生に正解・不正解はないということではないでしょうか。

どの道を選んだとしても、幸せな在り方にたどり着けるのですから。

幸せのメンターであるおばあちゃん・おじいちゃんから、私はそんな大切なことを教えてもらいました。

彼らから教わることはまだまだたくさんあります。

続く第2部で、幸せな生き証人である、おばあちゃん・おじいちゃんたちから教わった、4つの幸せのお話を、どうぞお楽しみください。

第２部
掃除が教えてくれる
４つの幸せ

1 美しい心

現実は自分の心で決まる

もしあなたにお子さんがいて、仕事を終えて家に帰ってきたとします。仕事先で嫌なことがあって、イライラしたまま帰りの電車に揺られ、ヘトヘトに疲れて帰ってきたあなたが目にするのは、散らかった部屋と干したままの洗濯物、そして宿題もせずゲームをずっとしている子どもの姿――。あなたの口からはどんな言葉が出るでしょうか？

「なんでゲームばかりして宿題してないの！　部屋も片付けてないじゃない！」と、怒るでしょうか。

怒りたくないと思っていても、自分の心身も疲れて不機嫌な状態だと、つい子どもに声を荒げてしまうというお母さんも少なくありません。

でも、もしあなたが1億円の宝くじに当選して家に帰ってきたらどうでしょう。同じような光景が目に入っても、子どもに対して怒るでしょうか？

私はよく、社員たちとこのような話をしているのですが、聞くとみんな「その状況だったら怒らない」と答えます。なぜか？

それは、自分が嬉しい気分だから。

ワクワクウキウキしたご機嫌な気分のまま、怒ったりはせず「あれ、宿題しないの？」と、子どもに声をかけると言うのです。

ということは、本当は、子どもが部屋を片付けていないことを怒っているわけでもなく、ゲームしていることに怒っているわけでもない。自分が疲れて心がいい気分ではないときに、目の前に広がっている光景に反応して怒ってしまうのではないでしょうか。

つまり、私たちの目の前にある現実、体験する現実というのは、すべて「心」が先だということ。私たちは日々の現実を、自分の気分というフィルター越しにみて判断していると言えるでしょう。

これを、心理の世界や精神世界では、「現実は心の投影」であると表現しています。

第1部でお伝えしたように、私は心理の世界を探求する過程で、この世の現実は自分の心の投影であると学びました。

けれど、そのようなことを学ばれていない人でも、心理学の用語を知らない人でも、自分の気分次第で今日がどんな日だったかが決まるということは、誰もが、人生で一度は経験しているはずです。


では、自分の心や気分を良くするにはどうしたらいいでしょうか。

その方法はいろいろありますし、人それぞれだと思いますが、今すぐ簡単に気分が良くなる方法があります。

それが、「掃除」です。

私の救いになったのが、掃除です。家の中を綺麗に片付けて掃除していたら、心が晴れて嫌なことも忘れることができました。心の病気すら、掃除をしたら治ったんです。

そう話してくれたお掃除のおばあちゃんは、以前、夫婦関係が原因でウツになってしまったといいます。ツラかった心の状態から救ったのは、なんと掃除でした。

目の前の汚れを、1つひとつ磨いて綺麗にしていく。1つひとつ完了させていく。

掃除の工程は、私たちの心を整えて、気分まで変えてくれる方法です。誰もが今すぐできる簡単な方法ではないでしょうか。

そのおばあちゃんは、掃除の魅力をこう話してくれました。

綺麗になること。掃除をして完成に近づけることで、とても気分が良くなります。

週3日、掃除の仕事をしていますが、やっぱり汚れは溜《た》まるんです。いくらでも綺麗にできるところはある。這《は》いつくばって掃除していると、とっても気持ちがいいんです!

また、70代後半に入った別のお掃除のおばあちゃんも、こう言われていま
す。

綺麗に掃除したら、それだけ自分の心も綺麗になる。心があたたかくなって落ち着くんですよ。心が安定するんでしょうね。

掃除の仕事をしているおばあちゃんたちが、必ずしも常にご機嫌な心の状態かというと、そうではないはずです。人は生きていたら、日々いろいろなことがありますから。

けれど、私がインタビューさせていただいたおばあちゃんたちは掃除がお

仕事ですから、しないといけない。つまり、ある意味、強制的に〝形〟から入って、綺麗にします。

目の前の汚れを綺麗にしているうちに、気分が良くなって、心の波が穏やかになり、そのうちご機嫌になるような現実が目につくようになって、実際にご機嫌な現実を体験しているのではないかと思うのです。


きっとタカジョウで働いているお掃除のおばあちゃんたちは、精神世界や風水では掃除が開運方法だといわれていることや、〝トイレ掃除をしたらお金が入ってくる〟説を知らないと思います。けれど、お仕事として強制的に掃除をしていたら、結果として心も美しくなり、気分も良くなる、ましてや心の病気まで治ってしまった――。

お掃除のおばあちゃんたちを見ていると、掃除をすることで心まで美しく磨かれ、その心が、現実に投影されているのだと教えられます。

それを後押しするかのように、官公庁で立派に勤め上げたあと、タカジョウで働かれている70代のおじいちゃんは、幸せとはやはり自分の心次第であると教えてくれました。

仕事はみんな同じようにやりますよね。でもその時の気持ちがどこを向いているかが大事だと思います。気持ちが前を向いているか。それとも、イヤイヤやらされているという気持ちなのか。気持ちが前へ向くように物事を解釈していくこと。そうすると、おのずと幸せになると思う。小さな幸せやけどね。

自分の心にウソがない

インタビューをさせてもらった中で、共通して出てきた言葉がいくつかあります。その中の1つが、「掃除をしていると自分の心に正直になる」です。

掃除の仕事をしんどいと思ったことはないし、何より掃除にはウソがない。

磨いたら綺麗になるし、手を抜いたらその分汚れたまま。
掃除をしていたら自分にもウソがないし、綺麗にした分だけ充実感があります。

この言葉を聞いて、私ははっとさせられました。
自分の仕事にウソがない。自分の心にウソがない。
そう断言できるだろうか、と。

人にはどこかのタイミングで、人生の最期を見据える瞬間があると思います。
バケットリスト（死ぬまでにしたいことリスト）を書いて、1つずつ成し遂げようとする人もいるでしょう。

あの世になにを携えていきたいのか、を考える人も多いのではないでしょうか。

〝墓場まで〟なにを持っていくのか。そこに、ウソを持っていきたいと思わなくなるのでしょう。

人は死の間際に、良心の呵責《かしゃく》に耐えられなくなるからなのか、ずっと隠してきたこと、それこそ墓場まで持っていこうと思っていた秘密を話す人も多いようです。

誰かに対してウソをつくことは、良心が傷むものですが、それ以上に、自分の心にウソをついていると、良心に耐えられなくなるのでしょう。

いつも自分に言い聞かせている言葉があるんです。
それが、「天知る地知る我知る」です。
どんなことをしていても、天は見ているし、誰かが見ている。
そして自分は知っている。
だから、手を抜こうとしないように、自分への戒めの言葉として言い聞かせています。
いくらウソをついたとしても、自分がいちばん知っていますからね。

自分の気持ちに真っ正直に生きることが、幸せの秘訣。それ以外ないと思っています。
大切なのは、〝自分が〟どう生きるかを決めること。〝人が〟

じゃないですよね。

お掃除のおばあちゃんたちの潔い言葉こそ、この正解がわからない時代に、私たちの心の指針となってくれるのではないでしょうか。

毎日を悔いなく、誤魔化すことなく、自分の心に正直に生きる。

そう意識して瞬間瞬間を生きることは、年齢的に若くてもできることです。

そう思い、我が社では若手の社員たちも含め、定期的に社内の整理整頓をしています。

棚や引き出しから、1度全部中身を出して、精査して、必要なものだけを棚や引き出しに戻す。

このように整理整頓をすると、自分にとって必要なものがはっきりわかりますし、仕事の生産性が上がることに加え、1つひとつの仕事により魂を込めるようになります。

これにより、社員たちの、問題を発見して改善する能力が高まっていくのを感じます。つまり、「違和感」を見つける能力が高まっていくのでしょう。

この「違和感」の正体こそ、「気」なのではないでしょうか。

たとえば、一流と呼ばれるホテルに行くと、隅々まで掃除が行き届いていて、細かい配慮がなされている。そこで受ける印象を言葉で表現するなら、「気が整っている」と言えるでしょう。

私たちも掃除をすると、汚れが綺麗になるだけでなく、〝なんだか〟整う感じがしませんか？　気持ちがスッキリし、いつもと同じ空間なのにクリアになった感じがする……。

これは、掃除をしたことで、「気」が美しく整ったからだと思うのです。

逆に、「気」が整っていないと「違和感」として察知できるようになるのではないか。

お掃除のおばあちゃんをはじめ、日々、掃除をしている人は「気」が整った状態を無意識でも知っているからこそ、「気」が汚れたり乱れたりすると、気づくことができるのではないか。

これは私の仮説ではありますが、掃除をすることで、目には見えない「気」すら美しく整い、整っていない部分を違和感として気づくことができるようになると思っています。

精神世界では「邪気」「邪念」という言葉がありますが、その正体は乱れた「気」。ですから、掃除をすると、余計な「気」である邪気・邪念をはらうことができるのでしょう。

つまり、お掃除のおばあちゃんたちが、担当するビルの掃除をする時も、社員たちが自分の机の引き出しを一旦すべて出して整理する時も、その建物や場や人自体についている邪気・邪念をはらっているということ。だから、もし掃除が行き届かず、「気」が乱れて邪気だらけの場所にいるとしたら、その人も邪気にまみれてしまいます。

邪気にまみれた状態とは……きっと想像できますよね。

自分の心を邪気が占めているとしたら、美しい心でいられるでしょうか。心に正直に生きていけるでしょうか。

きっとみなさんも、邪気・邪念をはらって、いつまでも美しい心で生きていきたいと思うのではないでしょうか。

お掃除のおばあちゃんたちとお話しすると、いつも清々《すがすが》しく「自分の心に正直に」を体現して生きているように見えるのは、まさにお掃除によって、邪気・邪念のない美しい心でいるからなのかもしれません。

美しい心で自分を満たす

75歳のお掃除のおじいちゃんのインタビューで、なんてカッコいいいんだ！
と思ったことがあります。
その方は、こう言いました。

社長、俺は仕事を続けないとダメなんだ。なぜなら、今の

年上の彼女と一緒になるために、家も財産も清算したから。俺は働き続けないと。

まるで50歳くらいの若々しくかっこいいエネルギーを放っておられましたが、この方の場合は恋をすることで、自分が満ち満ちた状態になるようでした。

年齢を重ね、さまざまな経験を経てきたこともあるでしょうが、お掃除のおばあちゃん・おじいちゃんたちは、「自分を満たすプロ」だなと感じます。自分を満たす方法を、みんな知っているのです。

先ほどのおじいちゃんは恋をすることでしたが、それ以外にも自分を満たす方法はそれぞれにあります。

76歳になった今でも働けることが幸せ。
孫の成長を見守ること。
90歳になったお父さんが大好きなお魚を毎日食べさせてあげること。
新しいことにチャレンジして、ワクワクすることを自分から見つけていくこと。
70年来の幼馴染と月に一度は飲みに行くこと。
80歳になって職場で出会えた、心からの親友とおしゃべりすること。

仕事帰りに、カフェで1杯コーヒーを飲むこと。

お掃除のおばあちゃんたちは、それぞれ自分を満たす方法に、なぜたどり着くことができたのでしょうか。

それは、余計なものがそぎ落とされ、自分にとって本当に大切なものだけが残っているからなのでしょう。

掃除をして汚れを除去していくように、自分の中から余計なものを排除して、邪気を落としていった結果、自分が本当に満たされるもの、自分にとって大切なことだけが残ったのではないかと思うのです。

物でいくら自分を満たそうとしても、その物はお墓にも天国にも持っていくことはできません。物で満たすという次元を超えたところで、自分は〝これ〟で満たされるという方法をちゃんと知っていて、自分で満たしてあげる。

それができると、人はおのずと幸せになるのでしょう。

邪気のない美しい心でいると、自分を自分で満たしてあげることができる。

その答えを自然と導き出している、イキイキとしたお掃除のおばあちゃんたちは、汚れとともに心も綺麗に磨くことで、自分自身と大切に向き合ってきたのだと思います。

2 喜び

人のために、役に立てる

もう15年以上前の話になりますが、知り合いから頼まれて、急きょ、中学生の職業体験学習の受け入れをしたことがあります。やって来たのは、〝ちょいグレ〟のやんちゃな男子学生。口も態度もイヤイヤやらされている感じが

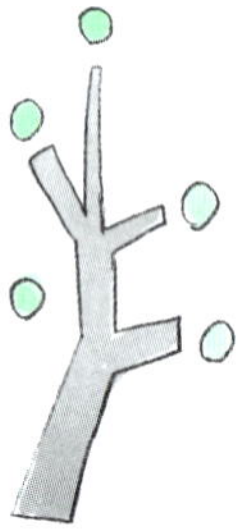

しましたが、我が社の当時の責任者の判断で、公共トイレの掃除をしてもらうことにしました。

3日間の公共トイレの掃除を終えたところ……なんとその男子学生は、自宅のトイレ掃除をみずから始めたというのです。

「公園のトイレも駅のトイレも、誰かが綺麗にしていたんだと気づいた」

後日、彼が提出した感想文にはそう書かれていたといいます。

私たちは独りで生きていくことはできません。誰かに支えられて、支え合って生きています。

あの時の中学生も、誰のためなのかハッキリ相手がわからないような公共の場を綺麗にすることで、これまで自分の家はお母さんが綺麗に掃除してくれていたことだけでなく、自分たちの日常が誰かの手のおかげで成り立っているんだ、という気づきの境地に入ることができたのでしょう。

きっと、人の役に立つとはどういうことなのか、体感をもって理解したのだと思います。

お掃除のおばあちゃんたちが、なぜ掃除の仕事をしようと思ったのか、その動機はさまざまです。健康のため、余った時間をダラダラ過ごしたくないから、経済的に楽になりたいから……など、人それぞれ理由はあります。

けれど、単純に自分が役に立てていることが、喜びであり幸せだという声が多く挙がります。

お掃除を担当している商業ビルでお買い物に来ていたお客

さんから、「ごめんなさい。ちょっと汚してしまったわ」と言われても、「いいんですよ。綺麗にしますから」って言えることが嬉しいんです。

掃除は誰かがしないといけない仕事でしょ。私が代表者意識ですればいいことだって、心に思えることが嬉しい。ほんと、喜びですね。

年齢を重ね、長年勤め上げてきた大手企業や官公庁での定年退職を経て、我が社に来られた方も何人もいます。

私はまだその年齢まで達していないので想像ではありますが、本当の意味で、

「自分はなんのために存在しているのだろう」
「自分は必要とされているのだろうか」
と考えた結果、自分の中にある「虚無感」と向き合うことになるのかもしれません。

そこでは、〝自分は人の役に立っているのかどうか〟が、大きな分かれ目になるように思うのです。

日本で育った人なら誰もが知っている製菓会社で定年まで勤め上げたあと、タカジョウにきて20年以上勤務されている、大ベテランのお掃除のおじいちゃんは、現在、大学で清掃管理をされています。

なぜ定年後も働き続けることを選択されたのか、その理由をこう教えてくれました。

やっぱり仕事を通して、人から信頼される喜びを得られますからね。信頼に応えるための努力を続けることが、いちばん大事かもしれません。

大学では、大事な、学生さんたちがいろいろなものを忘れていくんです。大事な、タブレットとか財布もね。見つけたり預かったりしたら、絶対になくさないように、壊さないように、握りしめて管理室までお届けします。学生さんは、あった！とすごく喜んでくれる。

誰かに喜んでもらえること。その積み重ねで、信頼を大切に築いています。

このお話から考えると、

「自分はなんのために生きているのだろう」

「なんの役にも立てていないのではないか」

というループに陥ってしまうと、人は喜びを失い、生きる力を失ってしまうのかもしれません。

信頼してもらえる居場所があることが、生きる喜びにつながるのでしょう。

生と死にまつわる講演会を全国で開催している友人に聞いた話によると、定年退職して、仕事もない、外でなにかの活動もしていない、家族も独立して家にはいない、パートナーにも先立たれてしまった場合……「自分は必要ない存在なんだ」という孤独をきっかけに、自死を選んでしまう人の割合が多いらしいのです。

はじめのうちは、お金も時間もあって余生として楽しんでいても、そのうち誰からも声がかからなくなったりすると、人はこの社会にいる意味がないと思ってしまうのかもしれません。

つまり、人の役に立つか立たないかというのは、死につながるほど、私たちにとって生きる意味となるのでしょう。

先にもご紹介した、官公庁で定年まで勤め上げ、今の仕事についているおじいちゃんの経験から、私たちは無意識でも人の役に立つことを求めているのだと理解できます。

定年後はゆっくりしたい、と家にいたんです。はじめのうちは、趣味もたくさんあるので楽しんでいたのですが、２か

月経《た》ったら飽きてしまってねぇ。

あれだけ、仕事はもう充分や！と思っていたのに、2か月経ったら「仕事したい！」と思うようになったんです。

私はお酒が好きなので、働いてお酒を飲んで、また元気になって働いて……という暮らしを楽しんでいたのですが、いざ退職してから晩酌しようとしたら、お酒の味が悪くなったんです。

働けることが幸せだし、感謝の気持ちが大きいですね。おかげさまで、お酒もまた美味しく飲めるようになりました。


公共の場を綺麗にしたり、整理したりすることで、相手はわからずとも誰

かの役に立つ。

そうして自分の存在意義を実感することが、生きる喜びとなり、幸せを感じることができるのでしょう。

掃除ボランティアから見えてきた喜び

タカジョウグループでは、15年ほど前から定期的に街中を歩いて掃除するボランティア活動を開催しています。

始めた目的としては、街のお掃除の認知度を上げることと、仲間ができる場となることを思い描いていました。始めてみると、1人で参加された方もお友達ができ、お掃除のおばあちゃんがご家族やお友達を連れて、一緒に参加して楽しく過ごされている光景を目にします。

それらは表の目的。究極には、私たちの会社がなくなったとしても、街が綺麗であってほしいという想いがあります。

自分たちが関わる土地や物を綺麗に使って、街も綺麗にして過ごすことが喜びのうちにできるなら、たとえ無償だったとしても、人は掃除をして綺麗にしたいと思うのかどうか。

ある意味、私の仮説を実証するための挑戦でもありました。

実際、あながちその仮説は間違っていない気がしています。というのも、普段はお仕事として街を綺麗にしているお掃除のおばあちゃんたちが、たとえお茶しかもらえなかったとしても、積極的にボランティアに参加してくれているからです。しかも、ご近所さんやお友達、ご家族も連れてきてくれる。結果、毎回100人以上の人たちが集まり、老若男女みんなで一緒に街を綺麗にして、喜びを分かち合っています。

街を綺麗にお掃除する時は、忖度《そんたく》などありません。誰が偉いとか、あの人はすごい人なんだとか、そういう視点は一切持ち込まないようにしています。全員が対等であることが鉄則。現に、参加される人の中には、私がタカジョウの代表であることを知らずに、隣で一緒にゴミを拾っている人もいます。

街を掃除して綺麗にすることで、気分がスッキリする。綺麗になって嬉しいね、という喜びをみんなでシェアする。

毎回たくさんの人たちが楽しそうに参加してくれるお掃除ボランティアを見ていると、喜びだけで成り立つ世界も夢ではないのでは、と思えてきます。

そのように、次世代の人たちが、これからの世界では喜びのうちに働けるようになるといいですね。

それこそ、幸せに生きる世界の在り方だと思うのです。

3 生きがい

掃除をしてシンプルになると見えてくること

「1美しい心」でお伝えしましたが、掃除をすることで、綺麗に磨いていくたびに邪気・邪念がはらわれて、余計なものがどんどんとそぎ落とされていきます。

精神衛生上、掃除はとてもいいですよ。1つひとつ目の前で綺麗になるから完了していけるんです。

お掃除のおばあちゃんのこの言葉からもわかるように、掃除をすると汚れも心も綺麗になり、乱れも綺麗に整ってクリアになる。そうすると、生き方もクリアになるのでしょう。

結果、余計なものがそぎ落とされた、シンプルな自分として存在することができるようになります。

その証拠に、お掃除のおばあちゃんに「あなたの生きがいは?」と聞くと、即答で返事が返ってきます。ということは、お掃除のおばあちゃんたちは、自分の生きがいがなにかをきちんとわかっているということ。
自分にとって本当に大切なものを知っているからこそ、あれもこれも……と、余計なことを求めていないのです。

「生きがい」という言葉を、みなさんもよく見聞きすると思います。
私も会社の理念として「生きがい」を掲げているので、言葉の意味を調べてみました。すると、生きがいとは「生きていく喜び」とのこと。

つまり、自分にとってなにが喜びなのかをそれぞれに見つけて、そのように生きることが、生きがいということです。

人の役に立つことが喜びであるなら、それがその人の生きがいですし、お掃除をして綺麗になることが喜びなら、それが生きがいになる。

友達がいることが喜び、家族の成長を見守ることが喜び、仕事ができることが喜び、感謝されることが喜び……。

この世の中には、なんとたくさんの喜びがあることでしょう。

自分にとって、なにが喜びなのか。なにが生きがいなのか。

それがわかると、幸せに生きることができるのではないでしょうか。

掃除をして余計なものや邪気をはらっていくことで、シンプルになり、本当の喜びが絞られていきます。その結果、生きがいが明らかになってくる。ですから、掃除は、生きがいのある幸せな生き方を見つけるうえで、最強のツールだと思うのです。

掃除は可能性とやりがいの宝庫

清掃会社を運営していると、まだまだ世間では掃除の仕事に対して偏見があると感じることがたびたびあります。特に、現場で働いているスタッフは、身をもって感じることもあるようです。

これは、若手の男性スタッフが、社内日報に書いてくれた内容です。

彼は、病院内の清掃業務を担当しています。ある時、綺麗になっていない箇所があった、と院内で指導を受けて掃除し直していたのですが、彼の後ろで「あの子、かわいそう」という話し声が耳に入ってきたそうです。この時、彼は「とても悔しかった」と想いを綴《つづ》っています。

かわいそうな人間なんかではない。だから絶対に、綺麗にしてやる！と、彼はますます一生懸命、掃除に向き合っています。

掃除をしているだけで理不尽にも下に見られてしまう。正直、私も、世間ではまだまだそう見られていることが、とても悔しいです。だから、みんなで絶対に綺麗にしよう！という気持ちが高まります。

掃除は、その場を綺麗にして、「気」を整えることで、人の気分をよくすることができる仕事です。すぐに結果が現れます。

みずからの手で磨き、目の前の場を物理的に「美しい」と思える瞬間をたくさん積んでいるのが、お掃除のおばあちゃんたち。みずからの手で綺麗に美しく磨いた本人こそ、気分良く毎日を生きているように思います。

だからこそ、お掃除のおばあちゃんたちは、いつ会ってもイキイキとしていて幸せそうなのでしょう。

お掃除のおばあちゃんを見ていると、掃除の仕事には人をイキイキとさせる生きがいを見いだせる可能性を感じますし、掃除を通して美しいと思える瞬間を味わえることに感動すら覚えます。

掃除の可能性とやりがいを知っているお掃除のおばあちゃんたちは、口を揃えてこう言います。

体が動くうちは、ずっとこの仕事をしたい。

いろいろな仕事をしてきたけど、最後に仕事をさせてもらうなら、お掃除の仕事がいい。

掃除をすることは健康の秘訣

どんなに喜びがあっても、生きがいがあっても、健康でなかったら楽しむことは難しいかもしれません。

70・80代でも現場で元気に動いている人生の先輩たちを見ているだけで、いつまでも健康で人生を楽しみたいと改めて思います。


タカジョウグループの最高齢のお掃除のおばあちゃんは、なんと88歳！　週3日、半日のお掃除の仕事を続けています。

このおばあちゃんは、仕事のたびに、40分ほど歩いて仕事場まで向かっているといいます。その理由は、

歩くことで、お掃除が元気にできるから。

ほかにも、80歳手前のお掃除のおばあちゃんは、仕事のためにトレーニングをしているそうです。

今日より明日、明日よりも明後日、というふうに積み重ねて、元気であるように気をつけています。

今は朝が早いので、仕事を終えたら1時間ほど昼寝をして、足腰が折れないようにストレッチをして鍛えています。だって、足腰が弱ったら、仕事できなくなるじゃないですか。

元気にずっと働かせてもらうためにも、自分の体は自分で守る。それが、私のモットーです。

また、ガンを患い、2年間の療養を経て、仕事に復帰した78歳のお掃除のおばあちゃんは、病気もしたけれど今の年齢でも仕事をしていることについて、こう話されました。

仕事は私の生きがいだなと感じています。

職場復帰するまでは、散歩したりストレッチしたりして、仕事ができるように体を調整しました。今でもストレッチしてから仕事に向かいますよ。そのほうが気分もいいですしね。

仕事をしているほうが、ガンの治療にはよかったんですよ。筋肉が付いていたから、回復が早かったんです。掃除をすると血行が活性化するので、治療にも効いたみたい。それに、私の場合は仕事で体を動かしていたから、副作用がなかったんですよ。

掃除の仕事は、立ったり座ったり、階段を使ったり、ずっと同じ体勢でなく動いているので、それがいいみたい。働ける元気があって嬉しいですね。

元気だから、掃除を仕事として働いている。

もちろんそのとおりなのでしょうが、現場でバリバリ働いているお掃除のおばあちゃんたちを見ていると、「掃除をしているから元気」という理論が成り立っているように思います。

生きがいを含め、やりたいこと・やるべきことが目の前にあると、人は元気に体を動かすことができるのでしょう。

我々から「隊長」と呼ばれ、みんなから信頼されている82歳のおじいちゃんの言葉からも気づきをもらえます。

歳をとるのは避けられないこと。けれど、魂は別。

体は歳をとったとしても、魂は老けないと思ったら、なんぼでも生きられるんじゃないか、と最近感じたんです。

だから、仕事をすると魂を輝かせることになるのかもしれませんね。

掃除は作法の流れの1つ

タカジョウは先々代から継いで3代目ですが、世の中の会社では5代目、10代目と続いている長寿企業もあります。世界の創業100年を超える企業のうち50パーセントを日本の企業が占めるほど、日本は世界的にみても長寿企業が多い国ではありますが、それに比べても、神社仏閣の存続の長さは桁が違いますよね。

まさに、歴史の移り変わりとともに存続しています。

先日、知り合いの社長が宮司さんと話す機会があり、企業をどうやって長く存続させるかというような話をしていたのですが、「いろいろな時代の背景があった中で、どうやって長く神社を残すことができたのか」との質問に、その宮司さんはこう答えられました。

「毎朝4時に起きて、すべてを磨いています。毎日、丁寧に、自分がやるべきことをやっていたら、残るようになっているのではないでしょうか」

ほとんどの神社仏閣では、毎朝の一連のルーティンに掃除が組み込まれていると思います。その朝の作法は、経済がどうだとか、世間がスキャンダルに沸いているなどにも左右されないはずです。

だからこそ、ずっと残ることができたのかもしれません。というより、存続するように、神様が導いてくれたのかもしれません。

毎朝、祈ったり、瞑想をしたりするのと同じように、掃除をする。
自分が住まう場、人様が出入りする場を、綺麗に磨く。
そうして、邪気をはらって、整える。
この朝の作法を、丁寧に行う。

目の前の汚れを綺麗にして磨くことに集中していたら、煩悩や邪念もはらわれるのでしょう。

そんなことを思っても、丁寧に掃除をする人のことを、神様は見捨てたりはされないのではないでしょうか。

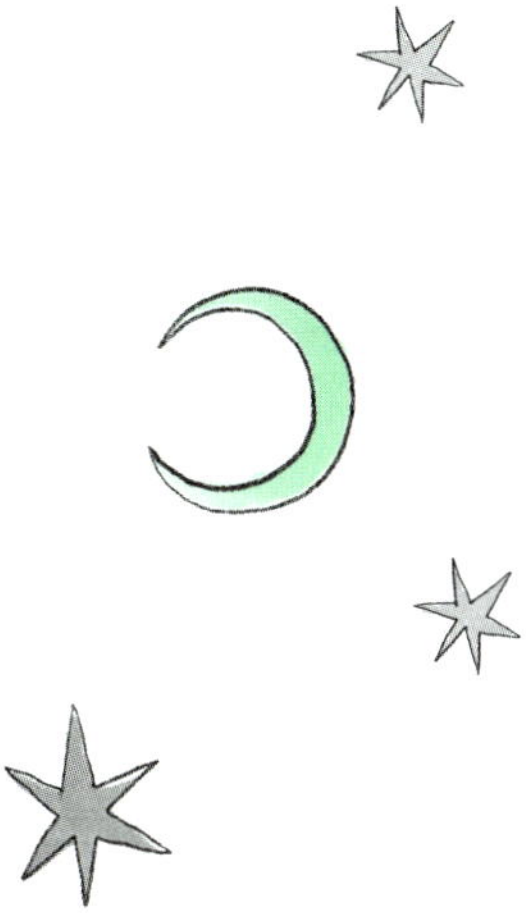

4 今を生きる

「今がいちばん幸せ」と言える生き方

今、とても幸せ。シングルマザーとして働きながら3人の子どもを育て、大変なこともいろいろあったけど、今が幸せ

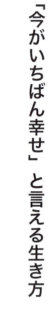

だから（過去のことは）もういいや！って思えます。

昔のことがあまり印象に残っていないのは、今がいちばん幸せだからでしょうね。

今の幸せ度合いは１００。人生でいちばん幸せじゃないかな。

お掃除のおばあちゃんたちに幸せについてお話をお聞きすると、ほとんどの方からこう返ってきます。

「今がいちばん幸せ」と。

あなたは、「今がいちばん幸せ！」と堂々と言えますか？
過去の輝きにとらわれていたり、幸せな未来を夢見て、今がおざなりになっ
たりしていないでしょうか。

なぜお掃除のおばあちゃんたちのほとんどが、揃って「今が幸せ」と言う
ことができるのか。
私なりの答えは、過去も未来もない、「今」しかない域に達しているから
だと思っています。裏を返せば、過去も未来も今も、すべてがあるという境
地です。

少し難しい表現かもしれませんが、瞑想をしたり、祈りを習慣にしたり、
修行をしたり、精神世界や禅の道を究めようとしている人たちやマスターた
ちは、この「今しかない、すべて在る」境地を、1つの到達点としています。

けれど、お掃除のおばあちゃんたちは、きっとそんな領域があることすら知らない世界で日々を生きているはずです。

それでも、その域に達しているように思えるのは、掃除の仕事を通じて、綺麗に磨いて汚れを落とすことで、心の中にある余計なものをはらっているからなのでしょう。


つまり、自分にとって、本当に大切なことはなにか、必要なことはなにか、に気づいているのです。

そして、自分の人生に必要なものだけを大切にしています。

もしかしたら、お掃除のおばあちゃんたちも、かつては「あれも欲しい、これも欲しい」と、〝ない〟ものに意識を向けて追いかけていた時期があったのかもしれません。

そうだったとしても、どんどん余計なものをそぎ落としていくことで、自分の本当の喜びはこれだ！と気づいていったのだと思います。

そもそも掃除は、目の前に汚れや散らかりという余計なものがあるから、綺麗にしますよね。磨いたり、掃いたり、片付けたりして、綺麗な状態に整えます。

必要なものが必要な状態になるように整える。

これを日常的にしていると、自分の人生の余計なものまで一緒に片付けて、綺麗にできるのではないかと思うのです。

お掃除のおばあちゃんたちへのインタビューの言葉からすると、結果的に、お掃除をツールにして余計なものがない人生へ達していると導き出すことができるでしょう。

「今、すべてが在る」幸せ

みなさんも掃除をしているうちに、集中して余計な雑念がなくなって〝ゾーン〟に入っていたなんて経験はないでしょうか。

スポーツの世界で、よく極度の集中状態になることを「ゾーンに入る」と表現しますね。心理の世界でも、マインドフルネスや座禅、呼吸法、ヨガ、潜在意識へのアクセスなどの方法を使って、ゾーンに入ることができるといわれています。

ゾーンの中では、「今」という一点のみに集中しているので、過去も未来もありません。今しかない世界です。

その世界にいると、人は幸せであることができると思います。

なぜなら、「今、この瞬間」しかないからです。

前述したとおり、一見、修行をしないと難しそうなこの境地に、掃除というツールを使うことで、「今」しかないと気づくことができます。

汚れも余計なものも邪気も、すべてそぎ落とされた先に、気づくことができる世界がある。

それが、「今しかなくて、すべて在る」という境地です。

実は、私たち誰もがすでに、「すべてが在る」人生を送っています。ただそれに、気づけるかどうかの違いだけなのかもしれません。

すでに今、すべてが在るという幸せを手に入れるのは、難しいことではありません。お掃除のおばあちゃんは、こう言って教えてくれています。

この歳になったら特に、明日何が起きるかわかりません。だから、毎日毎日、朝、目が覚めたら、「今日も元気に目が覚めた！仕事に行ける！」って思えるのが嬉しいんです。それに、「今日も家族揃ってごはんが食べられるわ」ってね。

明日はわからないのだから、今日もこれができる！という気持ちで過ごしています。

人は幸せになるようにできている

お掃除のおばあちゃんたちは、ほぼみなさんが、「今が幸せ」という境地に達していましたが、おばあちゃんたちは誰一人、同じ人生を歩んでいません。

離婚されて女手一つでお子さんを育てた方もいれば、自閉症のお孫さんの成長を見守ってきた方、旦那さんが詐欺に遭い、お金を騙《だま》しとられて大変な想いをしたおばあちゃんもいます。

もちろん、出生地も、育った環境も異なります。

人生のパターンはそれぞれ違うのに、みんなが「今が幸せ」の境地にいるということは、どんなルートを歩んだとしても、私たちは誰もが幸せな境地に到達できるということではないでしょうか。

それを、お掃除のおばあちゃんたちが証明しています。

私たちにとっても、もっと若い世代の人たちにとっても、「今が幸せ」と言い切るお掃除のおばあちゃんたちの存在は希望になりますよね。

本来、人の本質、それを「魂」と呼ぶのだと思いますが、どんな道を通ったとしても、本質的には幸せになるようにセットされているのだ、と私は思っています。

しかし人生には、一見、幸せとは真逆の出来事が起きたり、幸せへの境地を阻んだりすることが立ちはだかります。みなさんも経験があるはずです。

では、幸せになるようにセットされているのに、「今が幸せ」の境地に達していないように思えるのはなぜか。なにが原因なのか。

その犯人は、自分自身のエゴ（邪気・邪念）だと思うのです。

自分の幸せを邪魔する理由は、人それぞれ、無意識レベルでいろいろな心理が働いているからでしょう。

育った過程で「自分は幸せに値しない存在だ」と思い込むようになったかもしれませんし、信頼していた人に裏切られたりして、絶望を感じたことが原因かもしれません。

どんな背景があるにしても、私たちは幸せになれる存在です。お掃除のおばあちゃんたちが証明してくれているように。

もし「今、幸せじゃない」と思っているとしたら、それはあなたの邪気・邪念が、幸せに気づくのを邪魔しているのでしょう。

その邪気・邪念をはらえたら、本来、本質としてセットされている〝幸せスイッチ〟が稼働して、「今が、幸せ」の境地に到達できるのでは、というのが私の仮説です。

それには、ここまでお伝えしたように、掃除が良いツールになるでしょう。綺麗に磨くことで、邪気や邪念まではらって、自分の本質である魂の純粋な輝きを取り戻すことができるはずです。

魂の輝きというと、大ごとに聞こえるかもしれませんが、実はとてもシンプルで、邪気がはらえたバロメーターは気分がスッキリしたかどうか、良い気分かどうか、です。

自分がどんな気分なのか、判断することは簡単にできますよね。

前述した、ウツの経験で苦しんだことがあるお掃除のおばあちゃんは、掃除を仕事にする以前から、掃除の「気」への効果に気づいていたようです。

ウツの期間はツラかったですよ。「病気のことをご主人に話しなさい」と病院の先生から言われたので、実際に主人に話したのですが、なにも返ってきませんでした。だから、治すのは自分しかいないと思った。それで、掃除をしたんです。嫌なことがあると、家の中を片付ける。そうすると気分が落ち着いて、スッキリするんです。そうやってウツも治りました。

良い気分でいるということは、私たちの「気」が良い状態である証拠。邪気がなく、「気」が整っているということです。

お掃除のおばあちゃんたちの中には、10年以上お掃除の仕事を続けている方もたくさんいます。

そのおばあちゃんたちは、何回、床を磨いてきたのでしょう。何百回？何千回？

その磨いた分だけ、その人には邪気がないのではないでしょうか。

それにはおそらく、掃除の回数を重ねることも意味があるのでしょう。

だからこそ、世の中のマスターと呼ばれるような人たちは、祈りや瞑想の回数を重ね、毎日続けているのかもしれません。

正確に磨いた数をカウントしたことはなくても、お掃除のおばあちゃんたちが、たくさん自分の手で磨いて綺麗に掃除をしてきたということは、それだけ自分自身の邪気が綺麗にはらわれているということ。

私たちも、掃除をすることは毎日続けられますし、今すぐできることです。

磨いた分だけ、邪念がなくなる。魂が純粋に輝く。

そして、「今がいちばん幸せ」、と心から思えるようになる。

お掃除のおばあちゃんたちが教えてくれているように、掃除をすることは幸せへの最速近道なのでしょう。

『生きがいチャンネル』に出演いただいた方々

この場をお借りし、御礼申し上げます。

西田 眞吾	82歳
奥野 美代子	81歳
浅野 民子	80歳
平瀬 頼子	79歳
吉岡 せつ子	80歳
橋本 シズエ	76歳
竹林 英雄	75歳
大西 廣明	83歳
上林 修	82歳
廣瀬 隆重	81歳
米村 久代	77歳
長屋 俊子	85歳
宮田カホル	76歳
安藤 和子	76歳
稲垣 早苗	74歳
前川 哲男	82歳
國村 末道	72歳
高橋 將子	81歳
塩路 千恵子	75歳
吉田 定好	74歳
王子田 千賀子	77歳
立川 武司	83歳
藤巻 信生	76歳
大西 美智子	80歳
有島 ヨシ子	80歳
鶴瀬 和恵	75歳
宮川 信幸	73歳
安原 裕	75歳
吉川 秀久	75歳
桑原 葉子	73歳
山迫ミユキ	81歳
牧田 惠子	71歳
水野 正美	72歳
西尾 幸子	74歳
清藤 久美子	74歳
柳田 清子	77歳
井上 由紀子	76歳
小西 有美	71歳
家谷 道晴	72歳

敬称略／出演時の年齢

【特典付録】

幸せになる、
邪気をはらうお掃除術

お掃除のおばあちゃんたちも実践している、プロのお掃除術を伝授いたします。

簡単な拭き掃除でも、拭き方によっては逆に汚れを撒《ま》き散らかしてしまうことも。

このお掃除術で、ご自宅やオフィスなどの邪気・邪念をはらって心地よい気分になりますように。

＜掃除の基本＞

（1）高い所から低い所（上から下）に向かって行う。
（2）清掃は部屋の奥から手前（入口）に向かって行う。
（3）掃き・拭きともに、隅にゴミを残さず、丸く拭かないこと。

上から下へ

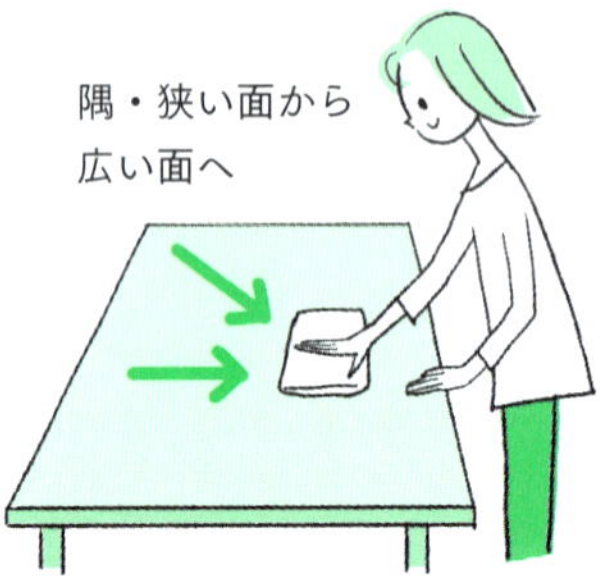

奥から手前へ

<拭き掃除の基本>

●タオルの絞り方

必ずタオルをかたく絞ってから行いましょう。
タオルを広げて長く巻き、端から端へ絞っていくと、かたく絞れます。

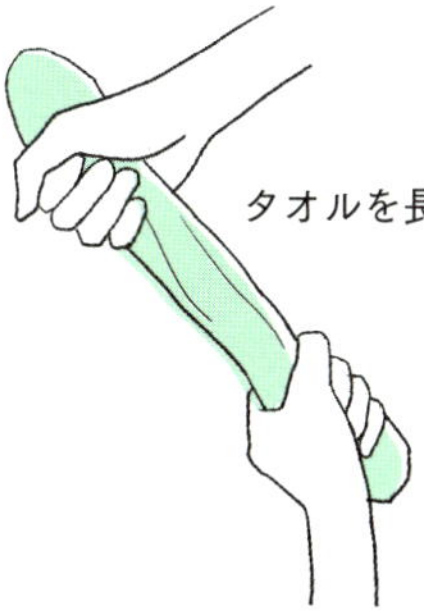

タオルを長く巻く

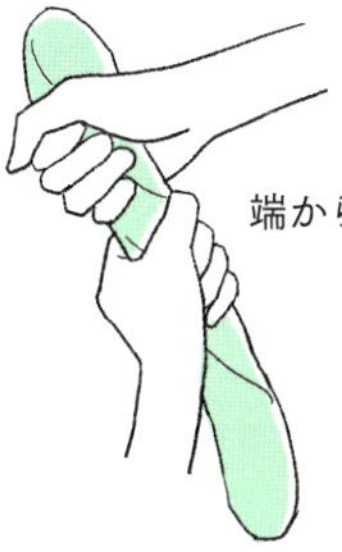

端から順に絞っていく

●タオルの折り方

タオルは八つ折りにしましょう。

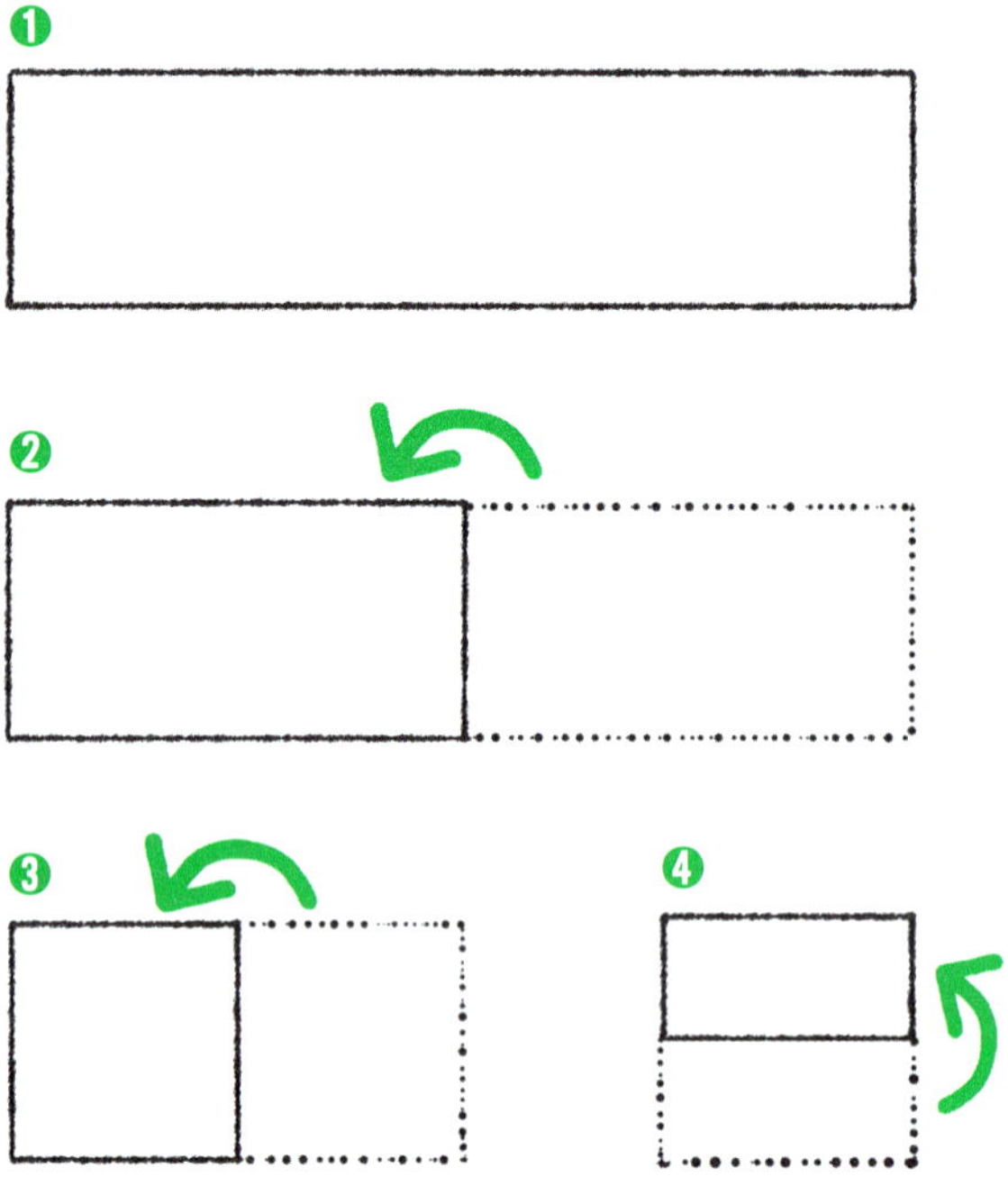

●拭き方

まず角（隅）を拭いてから、中央を拭きます。

鏡や窓、ドアも同様に隅から拭いて、最後に中央を拭くようにします。

そうすると、拭き忘れを防止できます。

机の拭き掃除

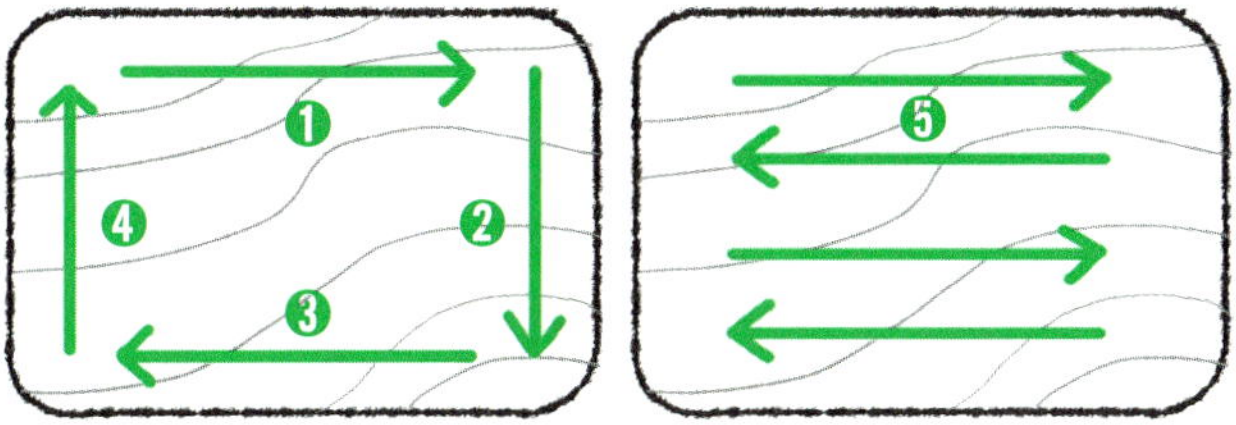

そのほかの拭き掃除（窓やドアなど）

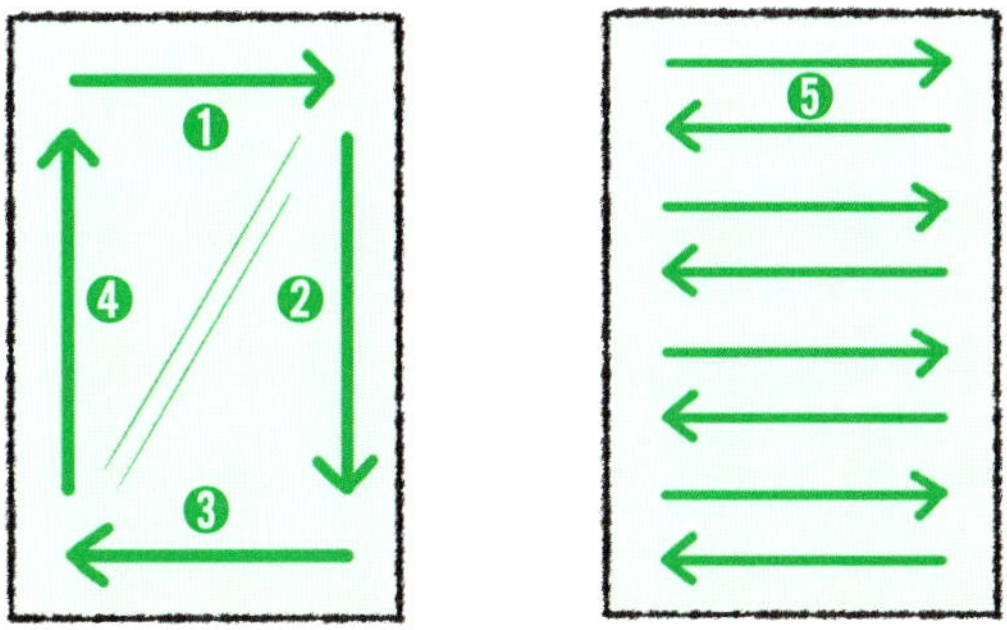

＜掃き掃除の基本＞

●ほうきの使い方

- 自分の足元を掃きながら前進する。
- 狭い部分から広い方へ掃き出す。
- 窓側から内側へ掃く。
- 集めたゴミはできるだけ1箇所にまとめておき、最後にチリトリでとる。

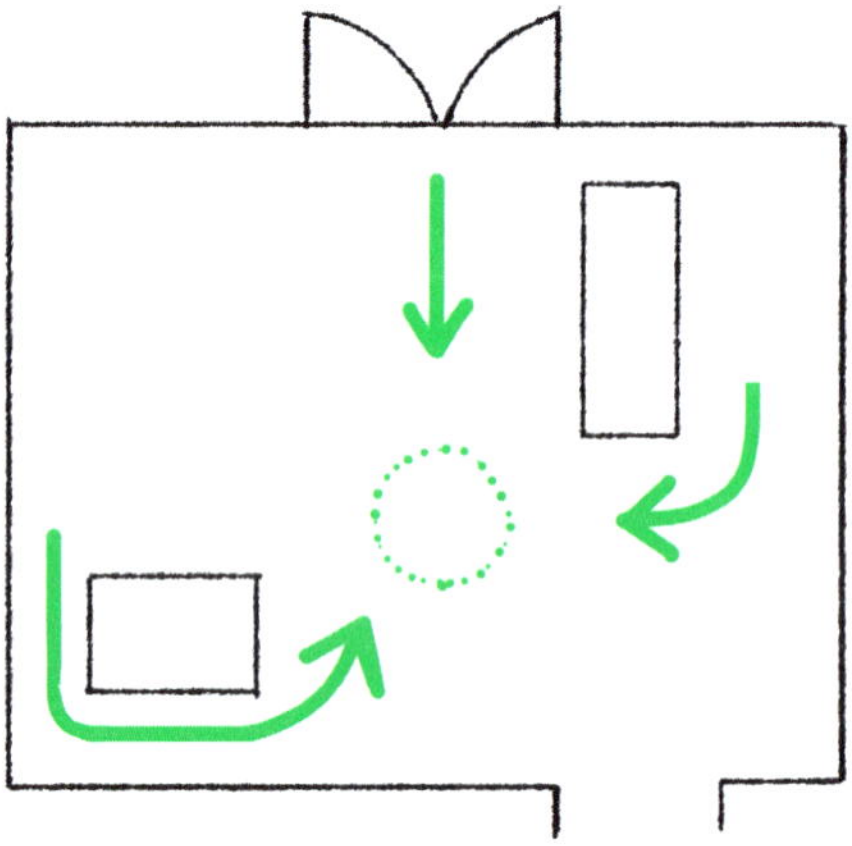

●フローリング用お掃除シートの使い方

・フローリング用お掃除シートは基本、前進しかできないため、前進する方向を決めます。後退するとゴミを置いていってしまうため、注意しましょう。

・壁際まで前進したら方向転換します。この時、壁までプレートをつけてしまうとゴミを壁に擦り付けてしまうので、壁の手前で方向転換します。

・モップは途中で持ち上げることができません。またモップのプレートが斜めになると集めたゴミが横に流れてしまうので、常に横一直線にしましょう。

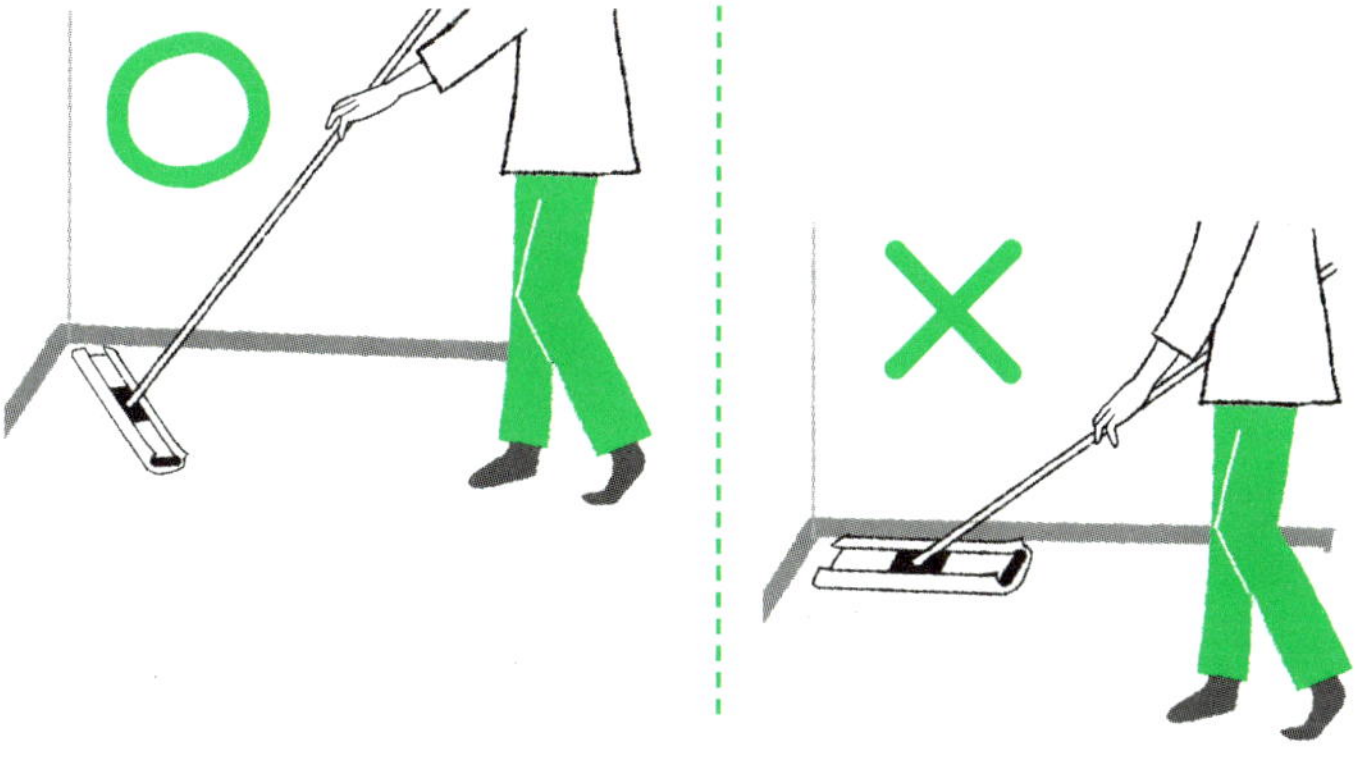

●一方向拭き

ホコリや汚れはモップの進行方向の先端に付着します。モップの片側に汚れが集中していたら、一方向へ拭いた証拠です。

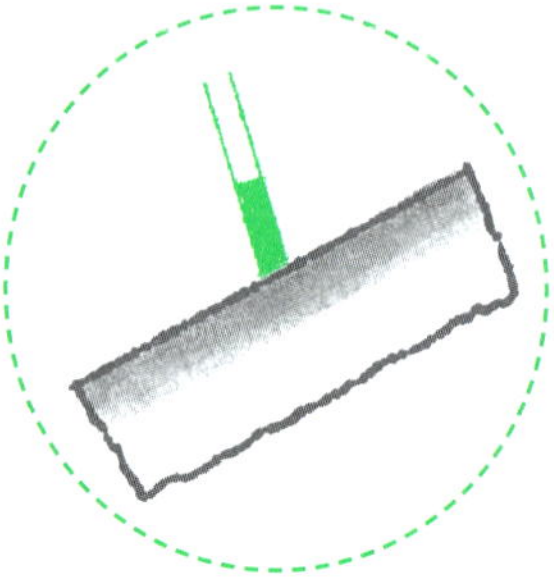

部屋や廊下の中央部分をスタート地点として、矢印の方向に一方向で拭いていきます。

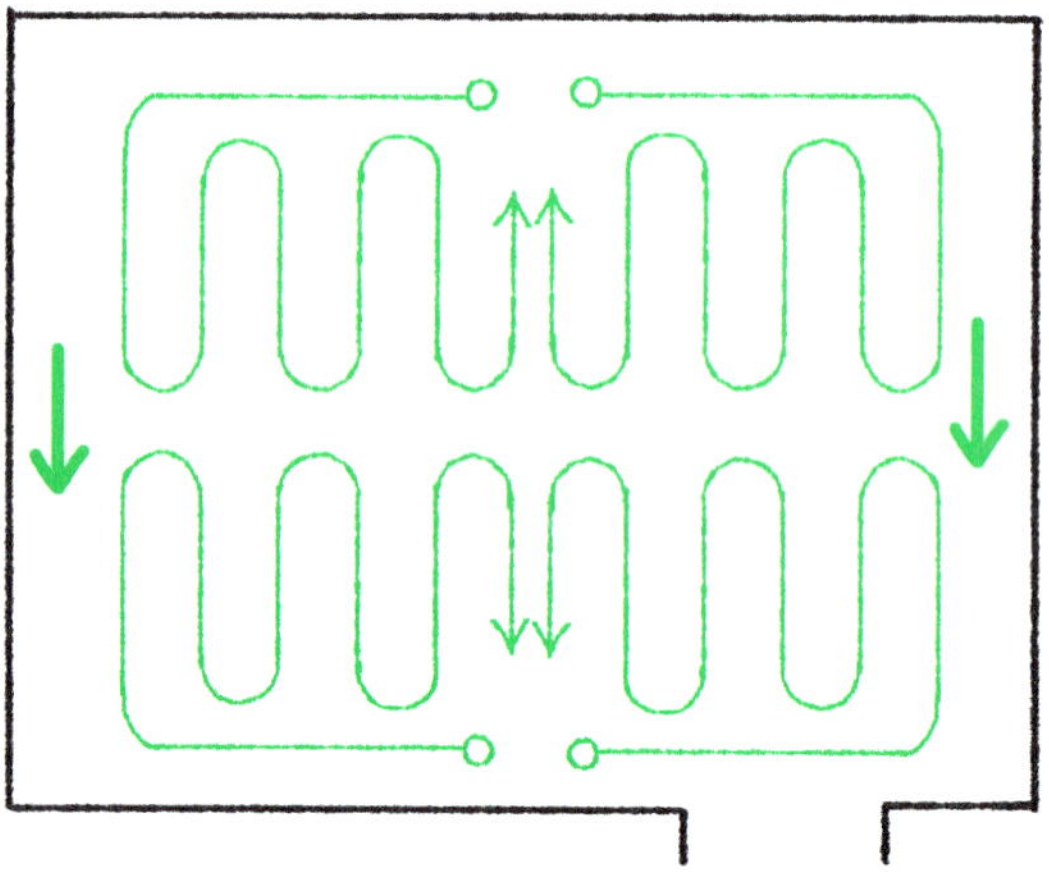

おわりに

この本を最後まで読んでいただき、心から感謝いたします。

どんな時代、どんな環境に生まれたとしても、私たちは、幸せになりたい！と思っています。

私も人生の出来事を通じて、幸せを探し続けてきた1人ですが、改めて、幸せとは何でしょうか？


本編にも書きましたが、ｆｍＧＩＧ『生きがいチャンネル』というラジオ番組で、お掃除のおばあちゃんたち（愛情を込めてたくさんの方々を代表してそう呼びます）に「幸せに生きる秘訣」をお伺いしています。

その質問を続ける中で、たどり着いた答えが2つあります。

1つは、どんな人生だったとしても、人が生きるということは、本当に美しく、尊く、すべては喜びだということ。

楽しかったこと、嬉しかったこと、悔しかったこと、悲しかったこと。一生懸命に頑張った思い出、さまざまな人間関係、家族との時間、成功や失敗。

彼らはみんな、すべての出来事を思い出として、キラキラと語ってくれます。

そして、もう1つは、幸せは身近なところにあるということ。

私たちは、往々にして大きな目標や理想を追い求めがちです。もちろん、目標や理想は大事ですが、本当に大切なことは、毎日の小さな出来事の中に隠れているということ。

お掃除のおばあちゃんは、ただ掃除をするだけの存在ではありません。いつも黙々と、そして感謝しながら、自分の役割を果たし、周囲の人々のことをさりげなく気遣っています。

そんな彼女たちの生き方には、幸せの本質が隠れているように思うのです。それは、日々の小さな行動の中に、他者への配慮や感謝の心を見つけ、何気ない瞬間を大切にする姿勢。

この本を通して、みなさんが「幸せ」とは特別な場所や成功ではなく、目の前の小さな気づきや日常の中にこそあることを再認識していただけたら幸いです。

そして、お掃除のおばあちゃんのように、自分の役割を丁寧に果たし、周りの人々にちょっとした温かさを分け与えることで、人生を豊かにできるのだということを感じ取っていただけたら嬉しいです。

最後に、出版にあたり御尽力いただいた出版社のみなさん、プロデューサーの山本時嗣様、編集の澤田美希様との出会いで、お掃除のおばあちゃんたちの尊さを本にできました。

今までたくさんのことを教えていただいた多くの師《メンター》の方々との出会いと、いつも私を側で支えてくれる妻と家族のおかげで、今、日々に感謝できる自分がいます。

そして、タカジョウグループで働くスタッフたちに改めて敬意を表し、この本を締めくくります。彼女たちの生き方が、みなさんの中に新たな視点をもたらし、感謝の姿勢で生きるヒントとなることを心から願っています。

みなさんの人生が幸せで溢《あふ》れますように！

長井 正樹

長井 正樹 Masaki Nagai

タカジョウグループ　代表
1972 年、大阪府高槻市生まれ。サラリーマンを経て、29 歳で父親からビルメンテナンス会社を引き継ぐが、父親との関係は険悪、数億の借金を抱える。
がむしゃらに働き、自らも介護福祉事業など創業し、売り上げを拡大。すべてが順調に見えた矢先、スタッフの裏切りと夫婦関係の危機に、自らの人間関係がすべて破綻していたことに気がつく。数か月の精神的どん底生活を経て、もう一度、人が心からつながる経営を決意する。
山伏修験の大僧正、禅僧の老師、高野山の阿闍梨、古神道の神官、インドの聖者、心理学者、ベストセラー作家などのさまざまなメンターに出会い、人間関係が劇的に改善。人がつながり、生きがいをつくる経営を目指し現在に至る。
趣味は、家族で世界を旅すること。
シニア世代のための“生きがい＆お仕事マッチングサイト”【いきいき@ワークス】を運営。
著書『先代を超える２代目社長の 101 のルール』（明日香出版）
FM ラジオ放送 『長井正樹の生きがいチャンネル』放送中
www.takajyo.co.jp

Publishing Agent　山本　時嗣（株式会社ダーナ）

80代の掃除のおばあちゃんたちに教えてもらった「人生で大切なこと」

2025年01月20日　第1版第1刷発行

著　者　長井　正樹

編　集　澤田　美希
イラスト・デザイン　藤井由美子
校　正　野崎　清春

発行者　大森　浩司
発行所　株式会社 ヴォイス　出版事業部
〒106-0031 東京都港区西麻布 3-24-17 広瀬ビル
☎ 03-5474-5777（代表）
FAX 03-5411-1939
www.voice-inc.co.jp

印刷・製本　映文社印刷株式会社

ISBN 978-4-89976-584-4 C0077